CATALOGUE

DE

JOLIES TAPISSERIES

du XVIIIᵉ Siècle

CÉRAMIQUE. OBJETS VARIÉS

Pendules, Bronzes

MEUBLES

DONT LA VENTE AURA LIEU

HOTEL DROUOT, SALLE Nº 6

Le Samedi 9 Mai 1896

à 2 heures

COMMISSAIRE-PRISEUR

Mᵉ P. CHEVALLIER

10, rue Grange-Batelière, 10

EXPERTS

MM. MANNHEIM Père & Fils

7, rue Saint-Georges, 7

EXPOSITION PUBLIQUE

LE VENDREDI 8 MAI 1896

DE 1 HEURE 1/2 A 5 HEURES 1/2

D05417

CONDITIONS DE LA VENTE

Elle sera faite au comptant.

Les acquéreurs payeront *cinq pour cent* en sus des adjudications.

L'exposition mettant le public à même de se rendre compte de l'état et de la nature des objets, il ne sera admis aucune réclamation une fois l'adjudication prononcée.

Paris. — Imp. de l'Art. E. Moreau et Cⁱᵉ, 41, rue de la Victoire.

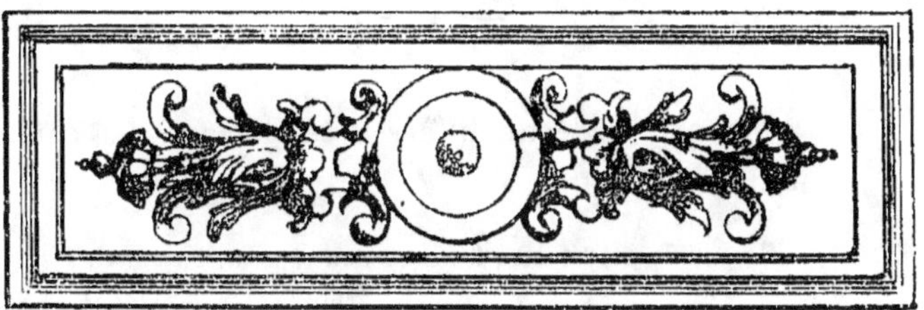

DÉSIGNATION DES OBJETS

TAPISSERIES

1 — Tapisserie rectangulaire des Flandres, xviiie
siècle : groupe de cinq paysans occupés à boire
et à fumer dans la campagne ; fond de verdure
avec collines, habitations et prairies ; compo-
sition dans la manière de Teniers ; bordure
simulant un cadre.

Haut., 2 m. 85 cent.; larg., 3 m. 20 cent.

2 — Suite de quatre cantonnières en tapisserie du
temps de Louis XV, offrant sur fond jaune, des
amours, des mascarons, des fruits, des fleurs,
des médaillons, des trophées d'armes et des

animaux ; le décor diffère avec chacune des cantonnières.

Haut., 2 m. 40 cent., 2 m. 35 cent., 1 m. 90 cent., 2 m.
Larg., 1 m. 35 cent.

3 — Tapisserie rectangulaire en largeur : la toi-
lette de Diane ; le sujet se passe dans un parc
orné de pièces d'eau, d'arbres taillés et de terrasses ; deux personnages accoudés à la balus-
trade d'une des terrasses semblent épier la
scène. XVIIIe siècle.

Haut., 2 m. 58 cent., larg., 5 m. 70 cent.

4 — Tapisserie rectangulaire pouvant accompagner
la précédente : Mercure et deux nymphes dans
un paysage. XVIIIe siècle.

Haut., 2 m. 65 cent.; larg., 2 m. 50 cent.

5 — Tapisserie carrée en deux parties : sujet his-
torique ; un guerrier presse dans ses bras
un personnage accompagné d'une suite nom-
breuse ; fond de verdure, habitations et pièces
d'eau. XVIIIe siècle.

Haut., 2 m. 65 cent.
Largeur totale, 2 m. 65 cent.

6 — Tapisserie flamande du XVIIIe siècle, présen-
tant des sujets champêtres ; compositions de
personnages et d'animaux dans la manière de
Teniers.

Haut., 2 m. 70 cent.; larg., 2 m. 50 cent.

7 — Tapisserie de la même suite que la précédente : sujet pastoral; fond de verdure et de
collines, dans la manière de Teniers.

Haut., 2 m. 60 cent.; larg., 2 m. 10 cent.

8 — Tapisserie de la même suite que les précé-
dentes : chariot de bois conduit par des paysans ; fond de verdure et de côteaux, dans la
manière de Teniers.

Haut., 2 m. 70 cent.; larg., 2 m. 40 cent.

9 — Neuf pièces pour encadrements en tapisserie
du temps de la Régence, à décor de mascarons,
figures, rinceaux, oiseaux et fleurs sur fond
jaune.

Longueur totale, environ 30 mètres.

10 — Tapisserie rectangulaire : écusson armorié,
timbré d'un casque; bordure de fruits, fleurs et
personnages. XVIIe siècle.

Haut, 2 m. 15 cent.; larg., 1 m. 54 cent.

11 — Tapisserie : écusson armorié entouré d'entre-
lacs sur fond bleu ; bordure d'animaux avec
quartiers de l'écu du centre répétés aux angles.
XVIIe siècle.

Haut., 2 m. 75 cent.; larg., 2 m. 65 cent.

12 — Huit petits panneaux de tapisserie Louis XVI,
pour sièges, dont trois de forme ronde et cinq
de forme rectangulaire : décor de personnages
et de sujets tirés des fables de La Fontaine, avec
encadrements de fleurs.

13 — Tapis oriental, à décor de palmettes sur fond
bleu.

CÉRAMIQUE

14 — Bol en ancienne porcelaine tendre de
Sèvres, à décor d'oiseaux et bordure à œils-de-
perdrix sur fond vert; avec indication des
noms des oiseaux sous la pièce. Pièce du service
de Buffon. Année 1791.

15 — Deux petites aiguières formées chacune d'un
pot à crème, en ancienne porcelaine tendre de
Sèvres, à fleurs sur fond vert; monture en
bronze.

16 — Deux vases-balustres, avec couvercles, à décor de personnages avec encadrements de rinceaux bleus. Chine. Monture en bronze.

17 — Deux petites potiches, en ancien céladon fleuri de la Chine, à décor de branchages, montées en aiguières en bronze.

18 — Petite potiche avec couvercle, en ancienne porcelaine du Japon, décor bleu, rouge et or de fleurs.

19 — Deux potiches avec couvercles, décor bleu, rouge et or; fleurs. Japon.

20 — Deux vases à anses serpents, en faïence italienne, décor de personnages.

21 — Statuette en biscuit : le dieu Pan assis, jouant de la flûte; auprès de lui, une chèvre.

OBJETS VARIÉS

22 — Grand gobelet en argent partiellement gravé et doré, à décor de personnages. Travail russe.

23 — Gobelet en argent partiellement doré, décoré
de cœurs en léger relief. Travail allemand.

24 — Gobelet en argent, orné de médailles sur son
pourtour. Travail allemand.

25 — Boîte hexagonale en argent, à décor de rinceaux ; bouton de couvercle en forme de fruit.

26 — Deux flambeaux Empire en argent ornés de
deux bustes adossés ; base ornée de palmettes.

27 — Quatre gravures en couleur : le Matin, le
Jour, le Soir, la Nuit. Encadrées.

28 — Écuelle avec couvercle en argent ; couvercle
décoré de cannelures en spirale et de rinceaux ;
oreilles à godrons. Travail hollandais.

29 — Plateau à bords contournés en argent, à décor
de quadrillés, guirlandes, fleurs et motifs rocaille. Travail allemand.

30 — Pot à lait en argent : quadrillés et feuillages.

31 — Boîte ronde en argent, à décor de divinités
marines et rinceaux.

32 — Miniature oblongue : cinq personnages vus à
mi-corps et costumés. Encadrée.

33 — Boîte oblongue en écaille incrustée de nacre
et d'argent doré : navire et motifs rocaille.
XVIIe siècle.

34 — Tabatière ovale en écaille incrustée d'argent :
scène de chasse. XVIIIe siècle.

35 — Boîte plate oblongue en écaille incrustée
d'argent, à décor de rinceaux.

36 — Boîte oblongue à angles coupés en écaille
posée or, à décor d'imbrications. XVIIIe siècle.

37 — Boîte de forme contournée en argent partiellement doré, à décor de motifs d'architecture ;
rinceaux rocaille et amours. XVIIIe siècle.

38 — Boîte plate oblongue, à angles coupés, en
écaille et filigrane d'argent.

39 — Boîte oblongue Louis XVI, en cuivre, décorée
au vernis rouge.

40 — Deux boîtes rondes : l'une en ivoire, sur le
couvercle, bas-relief, char allégorique ; l'autre,

en écaille noire ; sur le couvercle, bas-relief en
ivoire : Bain de Diane.

41 — Bonbonnière ronde en bois garni d'écaille : sur
le couvercle, bas-relief, sujet champêtre.

42 — Petit groupe en ivoire : la Vierge debout
tenant l'Enfant Jésus.

43 — Statuette en terre cuite : figure allégorique
de la Sagesse. XVIII° siècle.

44 — Étui cylindrique décoré au vernis dit de Mar-
tin, à filets rouges et dorés, sur fond blanc.

45 — Fût de colonnette avec chapiteau en albâtre
sculpté, à décor de personnages et draperies.
Italie, XVIe siècle.

46 — Deux socles chinois variés, en bois dur.

47 — Dix-huit pièces : émaux pour meuble et
fixés.

48 — Écran chinois orné de vases et ustensiles
divers en applications de jade, etc. Monture et
socle en bois dur sculpté.

49 — Plat creux en émail de Canton à décor de fleurs.

50 — Plaque en émail de Canton à décor de sujets de chasse.

PENDULES. BRONZES

51 — Pendule Empire en bronze doré ornée d'un groupe : nymphe et amour, et sur base décorée d'une frise : jeux d'amours.

52 — Deux girandoles Empire à trois lumières en bronze doré et patiné, à tiges formées de statuettes de femmes ailées supportant les branches porte-lumières de leurs bras surélevés.

53 — Garniture de cheminée : pendule et deux girandoles en bronze; cadran signé : *Crosnier, à Paris*.

54 — Lion assis, de *Barye ;* bronze à patine verte.

55 — Lion et serpent, de *Barye ;* bronze à patine verte.

56 — Lustre Louis XVI en bronze doré et porcelaine émaillée gros bleu, à six lumières.

57 — Encrier en bronze doré et porcelaine, à fond
bleu.

58 — Deux brûle-parfums en bronze doré, en
forme de vase, à couvercle ajouré : décor de
mascarons. Style Louis XVI.

59 — Plaque de serrure avec moraillon en bronze
à décor de figures et trophées. Travail italien.

60 — Coupe en forme de coquille portée par un
griffon tenant lieu d'anse. Bronze à patine
brune.

61 — Deux paires de flambeaux en bronze à patine
brune.

62 — Figurine en bronze d'après l'antique : dan-
seur jouant de la flûte ; base en marbre et
bronze, en forme de sphère sur pied cannelé.

63 — Figurine en bronze : Mercure, d'après Jean
de Bologne ; base en marbre et bronze en
forme de sphère sur pied cannelé.

64 — Pendule avec support en bois sculpté, à fleurs
et guirlandes.

65 — Suspension en cuivre avec lampe.

MEUBLES

66 — Cabinet à trois portes et très nombreux tiroirs
avec tabernacle central en bois sculpté en partie
du temps de Louis XIII ; les portes présentent
les statuettes de Vénus, Junon et Mars ; l'inté-
térieur du tabernacle est en marqueterie de bois
de couleur, avec rehauts de peinture ; il repose
sur une table-console de style Renaissance.

Haut., 1 m. 75 cent.; larg., 1 m. 40 cent.

(*Vente Decloux*)

67 — Meuble-cabinet à deux corps, de style Renaissance, en poirier sculpté et noirci, à décor de
mascarons, rinceaux et colonnettes, avec mé-
daillons-bustes en émail peint sur les portes
inférieures et émail rectangulaire, Diane, sur
la porte supérieure.

68 — Meuble à hauteur d'appui, à trois portes et

deux tiroirs en chêne sculpté, à personnages, mascarons et moulures.

69 — Cabinet plaqué d'écaille avec encadrements guillochés.

70 — Cabinet plus petit.

71 — Deux encoignures Louis XV, à deux portes en marqueterie de bois de rose et de violette, à rinceaux ; garnitures de bronze ; dessus de marbre.

72 — Table oblongue Louis XVI, en bois sculpté et doré, à ceinture ajourée, décorée de rosaces ; pieds cannelés ; tablette de marbre brèche d'Alep.

73 — Table de nuit Louis XVI, en bois de rose et bois satiné ; porte à coulisse ; dessus de marbre blanc.

74 — Ameublement en bois sculpté et doré Louis XVI, à décor de baguette enrubannée et couvert en lampas à fond bleu et dessin blanc : il comprend quatre fauteuils et quatre chaises.

75 — Canapé de même style et assorti.

76 — Lit Louis XVI pouvant accompagner le mobilier précédent, avec rideaux et ciel de lit.

77 — Quatre rideaux assortis aux meubles précédents.

78 — Glace dans un cadre doré, à guirlandes de fleurs et attributs de l'Amour.

79 — Glace dans un cadre en bois sculpté et doré, à baguette enrubannée et surmonté des attributs de l'Amour.

80 — Crédence, style Du Cerceau, en chêne, avec panneaux sculptés et niches décorées de statuettes; porte centrale, deux portes de côté et trois tiroirs.

81 — Commode demi-lune, Louis XVI, en bois de placage; dessus de marbre.

82 — Commode Louis XV, à deux tiroirs, en bois de placage; dessus de marbre.

83 — Lit à colonnes composé de panneaux en bois sculpté avec garnitures en broderie.

84 — Meuble de salon, de style Louis XV, en bois

doré couvert en damas rouge : il comprend un
canapé, six fauteuils et six chaises

85 — Console en bois sculpté et doré, à fleurs de
style Louis XV ; dessus de marbre.

86 — Fauteuil Louis XVI, garni, mais non couvert,
en bois peint blanc, à décor de feuillages et
cordons de piastres.

87 — Coffre Louis XIII en bois sculpté : Suzanne et
les vieillards, et figures mythologiques.

88 — Bois de fauteuil Louis XVI, peint blanc.

89 — Bois de fauteuil.

90 — Petite table-console en bois incrusté d'os et
de nacre, avec traverses d'entrejambes.

91 — Coffre oriental incrusté de nacre.

92 — Table à jouer en bois laqué, à fond noir.